S. BERTEAUT

Ancien Secrétaire de la Chambre de Commerce
de Marseille.

M. THIERS

SOUVENIRS D'UN VIEUX MARSEILLAIS

MARSEILLE

TYPOGRAPHIE ET LITHOGRAPHIE CAYER ET Cie
rue Saint-Ferréol, 57

MDCCCLXXII

M. THIERS

Imp A ROUGIER Marseille

S. BERTEAUT

Ancien Secrétaire de la Chambre de Commerce
de Marseille.

M. THIERS

SOUVENIRS D'UN VIEUX MARSEILLAIS

MARSEILLE

TYPOGRAPHIE ET LITHOGRAPHIE CAYER ET Cie
rue Saint-Ferréol, 57

1872

Cette étude biographique est extraite presque textuellement du journal la Presse, *qui avait bien voulu lui donner l'hospitalité de ses colonnes.*

Les passages reproduits, à diverses reprises, par quelques journaux de la province et de l'étranger, témoignent d'un certain intérêt acquis à notre travail. Ce résultat, uniquement dû à l'importance du sujet et du personnage mis en scène, a décidé l'auteur à rassembler des pages qui se rattachent à notre histoire contemporaine.

Puisse l'accueil bienveillant qu'ont reçu les articles séparés, ne pas faire défaut aux feuilles colligées et réunies.

S. BERTEAUT.

M. THIERS

I.

Le passant qui, à Marseille, gravit cette rampe appelée la rue des Petits-Pères, peut remarquer, à droite en montant, une maison de modeste apparence, sans signe commémoratif, qui porte le numéro 40 et que je signale à son attention. C'est là, en effet, que le 15 avril 1797 est venu au monde M. Adolphe Thiers, aujourd'hui président de la République française, et sans contredit un des hommes les plus remarquables de son siècle.

La mère de ce personnage qui a son rang

marqué dans l'histoire était d'origine levantine. Parente du poète Chénier, elle avait elle-même une réputation d'esprit. On citait ses saillies, et les traits qu'elle décochait étaient souvent des emporte-pièces. Son royalisme se montrait impitoyable pour tout ce qui avait trempé dans la Révolution.

Le père de M. Thiers n'était ni moins spirituel ni moins mordant. Provençal pur sang et Marseillais de roche, il avait les qualités et les défauts du genre. C'était, politiquement, l'antipode de sa femme.

Employé au greffe du tribunal révolutionnaire, il avait été contraint, en thermidor, malgré l'humilité de ses fonctions, à chercher un asile ignoré qu'il avait trouvé dans la famille Amic. Voilà comment il avait fait la connaissance de celle qu'il épousa plus tard. La différence d'opinions qui existait entre lui et sa femme abrégea singulièrement la lune de miel et ne tarda pas à brouiller le ménage.

Privé de fortune et ayant d'ailleurs à sa charge trois enfants issus d'un premier lit, M. Thiers dut songer à se créer des ressources. Il alla tenter fortune hors de sa ville natale et se dirigea vers l'Italie. Un moment employé au service des vivres de l'armée, on le retrouve bientôt à Milan dans la ferme des jeux publics, alors naissante.

De Milan, M. Thiers passe à Naples, où un certain luxe d'existence et les riches dons de sa nature lui valurent de nombreuses sympathies et lui ouvrirent l'accès des salons. Tout à coup, il s'efface et disparaît comme un météore, et l'obscurité la plus complète se fait autour de sa personne.

A partir de là, il ne serait plus question de lui sans une circonstance curieuse à rapporter.

Un monsieur de Fonvielle, royaliste émigré, qui se rencontra d'aventure avec lui, à bord du navire espagnol *Virgen del Pilar*, allant à Carthagène, en a tracé un portrait d'autant plus piquant qu'on y retrouve en miniature les facultés que son fils a reproduites plus tard en les agrandissant.

Il représente un petit homme, du nom de Thiers, comme une encyclopédie bavarde des plus amusantes. On ne parlait de rien qu'il n'en eût été témoin. Il connaissait le monde entier, dont il avait fait le tour, disait-il, avec le capitaine Marchand. Il était fort douteux qu'il eût fait partie de cette expédition; mais rien n'était capable de l'embarrasser. Il se tirait toujours avec adresse des objections qu'on pouvait lui présenter. Il était si précis dans l'emploi des termes techniques, dans la description des pays, dans la désignation des latitudes, dans celle des personnages et dans la date des faits, qu'il forçait les contradicteurs à lui laisser le dé. Il raisonnait mieux qu'aucun marin sur l'art nautique, expliquait clairement le détail des manœuvres les plus compliquées et démontrait, *ex professo,* tous les principes de la navigation, même ceux de la construction.

« Bref, — dit en terminant M. de Fonvielle, « on n'entendit jamais un perroquet de théorie « avec le bec plus affilé *(sic)*. »

Sans manquer au respect dû à l'homme éminent qui nous gouverne, n'est-il pas permis de faire observer qu'on peut, à ce portrait du père, reconnaître jusqu'à un certain point quelques lignes de la physionomie du fils?

Il y a là le germe de cet homme dont l'omniscience et la prestidigitation oratoire exercent une si grande influence sur ceux qui l'entendent.

Ainsi tombe d'elle-même cette version qu'avaient accréditée plusieurs biographes mal informés, prétendant que M. Thiers est le fils d'un pauvre ouvrier illettré.

Non, M. Thiers n'est pas de basse extraction. Je fais cette rectification sans arrière-pensée de critique. Quand on est, comme lui, fils de ses œuvres, on peut se passer d'ancêtres.

La vérité est que la famille de M. Thiers appartenait à la bourgeoisie aisée. Nous avons déjà dit ce qu'était son père. Son grand-père, homme de loi, avait été archiviste de la mairie. Quant à son aïeul, il fit fortune dans le commerce des draps et avait fait bâtir dans la rue Mazade la maison qui naguère encore recevait dans ses salons toute l'aristocratie marseillaise.

Voici une autre preuve du rang social que s'était acquis la famille Thiers.

Lorsque Mirabeau fut élu député aux États généraux, la Chambre de commerce lui donna un splendide banquet. Il était dit dans le programme de la fête qu'au sortir de table l'illustre convive se rendrait au théâtre, où une loge avait été décorée tout exprès pour la circonstance.

Mirabeau prit place entre deux jeunes filles : il avait à sa droite Mlle Noble, à sa gauche Mlle Thiers. Rapprochement ingénieux ! nos pères avaient trouvé piquant de placer Mirabeau entre la *noblesse* et le *tiers*.

On donnait, ce soir-là, le *Bourgeois gentilhomme*, et comme le député provençal demandait à ces jeunes filles si le spectacle les divertissait, Mlle Thiers s'empressa de répondre : « Ce qui nous intéresse le plus, c'est de nous « trouver à côté du *gentilhomme bourgeois !* » Ce mot vola de bouche en bouche ; il eut les honneurs de la soirée. Celle qui l'avait trouvé était la tante paternelle de M. Thiers. Comme on le voit, l'esprit chez lui est un don de famille.

Le jeune Thiers entra, en 1808, au lycée de Marseille, où il avait obtenu une demi-bourse. M. Barthelier, un ami de sa famille, payait l'autre moitié. Nous connaissons assez le noble caractère de M. Thiers pour croire qu'il ne rougira pas de ce détail. Il s'est largement acquitté depuis lors de sa dette de reconnaissance.

M. Thiers n'a jamais oublié que les injures, et toutes les fois que l'occasion s'en est présentée, il s'est plu à rappeler lui-même les obligations qu'il avait contractées. Ce sentiment lui fait honneur.

M. Thiers se montra un écolier ordinaire dans les basses classes ; mais, à partir de la seconde, il devint un élève hors ligne. Ses facultés s'étaient pour ainsi dire endormies sous des pédagogues peu lettrés, qui formaient le personnel des maîtres élémentaires; elles se réveillèrent avec l'arrivée d'un professeur dont la distinction contrastait avec la vulgarité de ses collègues. Le nouvel arrivant était un homme jeune encore, dont la physionomie intelligente et la toilette correcte avaient séduit à première vue les lycéens peu faits à de pareilles allures. Ce fut bien autre chose quand ils entendirent une voix harmonieuse, une prononciation jusqu'alors inconnue qui remplaçait l'accent bas-alpin ou rouerguois de ses prédécesseurs. Thiers fut, plus que personne, impressionné et éprouva un attrait irrésistible pour son nouveau maître, un ancien élève de l'Ecole polytechnique. Maillet-Lacoste (c'est le nom de l'homme qui donna l'essor à l'esprit de Thiers) avait publié une brochure courageuse contre l'établissement du Consulat à vie; il avait une seconde fois protesté par écrit contre l'avènement de l'Empire. Ces actes avaient brisé sa carrière d'ingénieur et l'avaient relégué dans un lycée.

Maillet-Lacoste existait encore quand M. Thiers arriva au faîte du pouvoir. Celui-ci, qui lui avait conservé un affectueux souvenir, lui fit dire de venir le voir : il voulait améliorer sa position, qui était loin d'être heureuse. Mais le stoïcien refusa les présents d'Artaxerce, et Thiers devint ingénieux pour l'assister à son insu.

A partir des *humanités*, Thiers obtint tous les premiers prix de sa classe. Il se montra très supérieur aux camarades qui l'avaient naguère distancé; il les intéressait vivement par l'abondance et la variété de ses anecdotes. On suspendait les jeux pour l'écouter. Il pérorait sous les arcades de la cour et, pendant la récréation, suspendait une trentaine d'auditeurs à ses lèvres.

Thiers faisait partie d'un groupe d'écoliers qui avaient pris un abonnement au *Journal de l'Empire* et qui faisaient acheter tous les bulletins de la grande armée. Il était très avide de ces lectures, qu'il mettait bien au-dessus de ses *devoirs*. Déjà, il expliquait le mouvement des armées, et préludait par une intelligence précoce aux facultés stratégiques qu'il a développées plus tard.

En 1814, Thiers, ayant achevé ses études, sort du lycée et vient occuper la mansarde de sa maison natale, qu'habitaient encore sa mère et sa grand'mère.

Marseille, à cette époque, se ressentait des calamités de la guerre; elle n'avait pas réparé encore les brèches qu'avait faites à sa fortune la longue cessation de son commerce, et la famille Amic partageait la gêne presque générale. Thiers eut de mauvais jours à traverser; mais, plein de philosophie, il se consolait avec des livres qu'il empruntait à ses amis. Sa seule distraction dans l'intervalle de ses lectures, était de faire des portraits en miniature. Nous avons vu plusieurs de ces ouvrages qu'aurait signés Isabey. Ainsi s'expliquent les critiques raisonnées qu'il fit, en débutant, sur la peinture, et les liaisons qu'il forma plus tard avec plusieurs artistes, notamment avec Mme de Mirbel.

Thiers passait des heures entières dans sa petite chambre à s'exercer à l'art de la parole ; il avait pour auditoire ses quatre chaises de bois blanc, qu'il haranguait le plus sérieusement du monde ; il s'animait et ne s'arrêtait souvent qu'épuisé de fatigue et ruisselant de sueur. Ce fut là son premier cours d'éloquence. Nous tenons le fait d'un de ses condisciples les plus chers, auquel il l'a raconté lui-même, et qui a fait parfois le cinquième auditeur.

Le rhétoricien d'hier avait alors la phrase cicéronienne et le ton déclamatoire, qu'il a remplacés depuis par une éloquence familière et un débit bourgeois.

Les grands artistes ont tous leur première et leur seconde manière.

Thiers, après sa sortie du lycée, resta une année environ à Marseille. Il alla ensuite à Aix pour faire son droit. Sa mère et sa grand'mère le suivirent.

Les difficultés matérielles rendirent bien pénibles ses premières études; mais, se montrant supérieur à sa fortune, Thiers trouva encore assez de sérénité intellectuelle pour concourir aux prix académiques. Son éloge de Vauvenargues couronné lui valut cinq cents francs qui vinrent fort à propos. Il avait composé, avec la fine fleur du libéralisme aixois, un groupe intime qu'on appela le *Cénacle*, et dont faisaient partie Ambroise Mottet, d'Arlatan de Lauris, Rouchon, Mignet, Jouve, Arnaud, Floret, Semerie, Dufaur, etc. Thiers, bien que le plus jeune, était l'âme de la réunion. Il parlait sur la forme des gouvernements, sur le mérite comparatif des diverses institutions politiques en publiciste déjà consommé, et était considéré comme l'orateur et le philosophe du Cénacle.

Thiers devint avocat et plaida plusieurs fois; mais, avec ce flair de l'avenir qui lui fit rarement défaut, il comprit bientôt que sa véritable vocation n'était point là : il avait de plus hautes visées. En vain, M. Rollandin, qui portait beaucoup d'intérêt à Thiers, dont il était, dit-on, le parrain, offrit-il à son filleul de venir faire de la procédure commerciale à Marseille. Thiers résista aux perspectives dorées qu'une affection presque paternelle faisait luire à ses yeux ; il alla chercher fortune à Paris, en compagnie de son ami Mignet, munis tous deux d'un bien mince pécule, mais riches d'espoir comme on l'est à vingt ans.

Thiers comptait beaucoup sur une lettre de recommandation que lui avait donnée le docteur Arnaud pour son compatriote et ami Manuel, le chef de l'opinion libérale. Le député bas-alpin devina sur-le-champ la valeur du jeune Marseillais, et le présenta au duc de La Rochefoucault-Liancourt qui en fit son secrétaire.

Thiers avait trop d'idées pour se contenter d'écrire sous la dictée d'autrui. Il entra au *Constitutionnel* et débuta d'une manière brillante dans la carrière du journalisme. Son Salon de 1822, sa notice sur mistriss Bellamy, actrice du théâtre de Covent-Garden, ses relations de voyage dans les Pyrénées et le Midi de la France, ses études sur le livre de Montlosier, sur le système de Law, sur le maximum, etc., firent une vive impression; elles révélaient chez leur auteur une instruction variée et des aptitudes universelles. Pendant que ses écrits, marqués au coin du savoir et de la raison, faisaient autorité dans la presse, ses causeries, empreintes de la verve méridionale, obtenaient un grand succès dans les salons. Rien ne lui était étranger, ni les arts, ni la politique, ni les finances, ni la guerre, ni l'administration. Il se vit recherché de tout ce que l'opposition comptait d'esprits éminents, noua les plus honorables relations, devint le commensal de Laffite et fut reçu dans l'intimité du prince de Talleyrand.

Voulant fonder sa fortune politique et sa réputation littéraire sur une œuvre sérieuse, M. Thiers conçut l'idée d'écrire l'*Histoire de la Révolution française.*

Cette révolution, texte d'apologies et de récriminations exagérées, surfaite en bien par les fanatiques de la réforme sociale, surfaite en mal par les partisans de l'ancien régime, attendait un historien impartial qui fît la part des intentions, presque toujours méritoires, et des actes trop souvent répréhensibles, et jugeât les hommes et les choses sans parti-pris, avec le calme de la postérité, toujours un peu fataliste.

Il fallait du courage pour attaquer des préjugés vivaces; la tâche était difficile, mais digne d'un esprit supérieur. Thiers entreprit cette synthèse éclectique et sut la conduire à bonne fin. Il flagella les hommes rétrogrades qui s'armaient de nos crimes pour déshonorer notre gloire et ajourner indéfiniment le progrès, aussi bien que les factions sanguinaires qui avaient mis systématiquement l'assassinat à la place de la légalité, qui avaient substitué la licence à la liberté, la proscription à la justice, la barbarie à la civilisation, en détournant de son principe une révolution saluée comme un bienfait et devenue un fléau.

Cet ouvrage, et ce n'est pas son moindre mérite, est avant tout national. Ce n'est dans aucun parti, ni dans la Convention, ni dans les départements, ni dans les rangs des oppresseurs, ni dans ceux des victimes que l'auteur s'est placé ; c'est dans les entrailles de la France. Voilà ce qui a justement excité les sympathies de la jeune génération.

Peu de livres ont exercé sur leurs contemporains autant d'influence que cet ouvrage, dont quelques chapitres s'élèvent à la hauteur de l'épopée.

Tout le monde fut frappé de la marche rapide et dramatique du récit, de la vérité des personnages et des caractères mis en scène, de la connaissance approfondie de chaque question, de la clarté des aperçus et de la simplicité grandiose du style.

Pendant le ministère Martignac, cet arc-en-ciel qui brilla un moment sur la France, Thiers eut le bon esprit de ralentir et d'éteindre presque le feu de ses batteries ; il lui répugnait de tirer sur les siens. Il demanda à faire partie d'un voyage de circumnavigation que le commandant Laplace devait entreprendre avec la *Favorite*. Il fut nommé historiographe de l'expédition par M. Hyde de Neuville, alors ministre de la marine. Peu s'en fallut que M. Thiers ne devînt un Victor Jacquemont. Il allait s'embarquer quand le ministère Polignac fut constitué. Les libertés publiques étaient menacées; c'était l'heure de revenir à son rôle militant et de reprendre son poste de combat. M. Thiers n'y manqua point. Considérant le *Constitutionnel* comme un instrument de guerre insuffisant, il fonda le *National* avec MM. Mignet, Armand Carrel et Sautelet.

M. Thiers pressentait la violation de la Charte et mit la Restauration en état de siége. L'article qu'il publia sur cette maxime constitutionnelle, devenue si célèbre : *Le roi règne et ne gouverne pas*, et la candidature du duc d'Orléans qu'il osa mettre en avant, firent une vive sensation et lui valurent des poursuites qui augmentèrent sa popularité. Aussi, quand peu de temps après parurent les fameuses ordonnances, la presse entière prit M. Thiers pour son chef de file. C'est lui qui rédigea la protestation collective et la signa le premier. C'était jouer sa tête.

On connaît la suite. L'avènement de la dynastie de Juillet, auquel M. Thiers avait si énergiquement travaillé, et qui était le triomphe de ses idées, ouvrit à l'éminent publiciste une carrière nouvelle. Les théories allaient faire place aux applications. L'horizon s'agrandissait et fournissait de brillantes perspectives à l'ambition du parti vainqueur. M. Thiers arriva d'emblée aux postes les plus élevés. Il devint, tour à tour, sous-secrétaire d'État, ministre, membre de l'Institut, président du cabinet. Nous le suivrons pour ainsi dire pas à pas sur cette route de la fortune et des honneurs. Nous énumérerons ses nouveaux services et ses succès, sans taire ses échecs et ses fautes. Après avoir consacré quelques pages à son enfance peu fortunée, à sa jeunesse laborieuse, nous mettrons en relief son âge mûr triomphant et sa verte vieillesse que le pays, pour couronner une existence bien remplie, a investie de sa plus haute magistrature.

II.

L'opposition libérale, dont le *National* était l'organe le plus avancé, et à laquelle il transmettait quotidiennement le mot d'ordre, avait enfermé les Bourbons dans la Charte, et ceux-ci, comme l'avait prévu M. Thiers, trouvant la porte close, avaient sauté par la fenêtre. Ils étaient tombés pour ne plus se relever. Trois jours avaient suffi pour remettre sur le chemin de l'exil une dynastie séculaire, qui avait peu appris à l'école du malheur.

La chute produisit de violents contre-coups; elle ébranla le principe d'autorité, et démasquant la révolution, fit trembler un moment tous les trônes européens.

Louis-Philippe ne s'y était point trompé; il comprit avec son sens pratique combien ce triomphe des barricades créait un dangereux précédent; il pressentit les conséquences fatales qui pouvaient en résulter pour le pays. Contrairement à l'opinion répandue, Louis-Philippe vit avec plus de terreur que personne réussir l'insurrection révolutionnaire qui menaçait ses apanages princiers. Il ne se faisait aucune illusion; aussi, les premiers pourparlers relatifs à l'offre de la couronne, trouvèrent-ils chez lui une résistance inattendue. Il était encouragé dans cette voie honnête par les conseils de la duchesse d'Orléans, une sainte femme. Sa sœur, la princesse Adélaïde, plus ambitieuse, fut la première à capituler.

La négociation fut laborieuse, et l'intervention de Thiers ne contribua pas peu à vaincre les scrupules de Louis-Philippe : « Je suis de la « Révolution, lui disait Thiers, et j'en connais « le personnel audacieux. Votre popularité est « notre seule sauvegarde. Votre refus de la

« royauté servirait d'acheminement à la République, qui commencerait par vous dévorer, vous et les vôtres, et nous tous après. Le salut du pays est entre vos mains; il dépend d'un oui ou d'un non. »

Le chant de la *Marseillaise* que la populace vociférait au dehors donnait du poids à ces paroles qui l'emportèrent sur toutes les autres considérations.

Louis-Philippe céda uniquement pour ne pas laisser de chance à la République, qui pouvait le mettre au nombre des vaincus, le chasser de nouveau du palais de ses aïeux et recommencer les calamités de la France.

Nous sommes heureux de pouvoir rétablir ces faits à l'honneur d'un prince calomnié qui, pendant dix-huit ans, a puissamment contribué à la prospérité du pays, a exécuté de grands travaux d'utilité publique, créé de ses propres deniers le musée national de Versailles, et qui, pour prix de ses œuvres et de ses services, a subi huit tentatives d'assassinat et est allé mourir en exil, en laissant la réputation d'un vieux thésauriseur, qui faisait des coupes sombres dans les forêts de l'État et plaçait de nombreux millions à l'étranger.

La politique de Thiers triomphait, et comme de raison il devait, un des premiers, recueillir les fruits de la victoire. L'importante mission dont il avait été chargé auprès du duc d'Orléans, l'influence qu'il avait exercée sur sa décision lui donnaient des droits particuliers à la reconnaissance du pouvoir naissant.

La première ambition de Thiers fut d'entrer à la Chambre des députés ; il songea tout d'abord à la représentation de Marseille, berceau de sa famille, et théâtre proportionné à son talent. Il sonda le terrain électoral, mais sa démarche n'aboutit point ; déjà la place était prise. On comprend la répugnance que l'historien de la Révolution française devait inspirer aux légitimistes et la préférence qu'ils accordèrent à M. Berryer, le premier orateur de leur parti ; on s'explique beaucoup moins le choix que firent les constitutionnels d'un jeune homme qui ne manquait pas d'un certain esprit, mais qui devait seulement grossir le nombre des muets à la Chambre.

Cet acte de camaraderie locale coûta cher à notre cité.

Marseille n'a pas été seulement impolitique, elle s'est montrée ingrate vis-à-vis de Thiers. On n'a pas oublié les avanies qu'a subies cet enfant du pays dans sa ville natale. On ne peut pas rappeler sans rougir que Thiers, en 1841, fut obligé de se réfugier dans une barque pour se soustraire aux poursuites d'une foule ameutée et menaçante.

L'origine de ces hostilités n'est un secret pour personne; il est douloureux de songer que le parti constitutionnel n'y fut pas étranger. En faisant tour à tour charivariser MM. Thiers et Berryer, certaine coterie croyait ainsi courtiser un député omnipotent et ombrageux qui voyait de mauvais œil toutes les supériorités de nature à faire échec à son crédit.

Pourquoi notre cité fut-elle complice de ces petites intrigues? Elle fut bien mal inspirée en reniant le plus capable de ses enfants, et elle fit la part belle à la ville d'Aix, qui eut l'intelligence de l'adopter. Si nous avions conservé le grand avocat que la nature nous avait donné, quel puissant protecteur nous nous serions ménagé! quel redoutable adversaire nous aurions évité! Les électeurs auraient beaucoup gagné, et le mandataire n'eût rien perdu. Thiers, député de la métropole française de la Méditerranée, eût trouvé une représentation digne de lui. Ses idées économiques, qui se ressentent trop de l'étroit horizon dans lequel le mandat aixois le plaçait, se seraient naturellement agrandies, et à cette heure nous n'aurions pas à regretter qu'un homme d'Etat dans lequel il y a toute l'étoffe d'un Robert Peel, revienne aux errements de M. de Saint-Cricq.

Quand il entra à la Chambre, Thiers était déjà familiarisé avec l'art de la parole. A Marseille, il avait débuté sous les arcades du lycée, dans sa chambrette de la maison maternelle; il avait continué à Aix dans des conférences d'avocats stagiaires et dans les réunions du *Cénacle*; enfin à Paris il fit ses preuves chez M. Laffite et dans le salon vert du prince de Talleyrand; mais autre chose est de parler à des camarades d'école, à des confrères qu'on tutoie, à des coreligionnaires politiques, en un mot, à des écouteurs bienveillants; autre chose est de s'adresser à un auditoire toujours solennel et parfois hostile, et de prendre la parole dans un hémicycle immense qui est censé contenir l'élite du pays. Thiers, avant d'aborder ce grand théâtre, ne put se défendre de certaines timidités. Il faut y réfléchir à deux fois quand il s'agit de monter et de pérorer dans une tribune où la France entière vous écoute, et où chaque mot tombé de votre bouche est recueilli par le sténographe et acquis au *Moniteur*.

Thiers eut un moment d'hésitation et presque de défaillance. Il avait peur de ces mêmes hommes qu'il maîtrisait en petit comité; mais avec la réflexion il prit confiance; peu à peu il surmonta ses craintes et ne tarda pas, malgré ses désavantages physiques, à se classer parmi les maîtres de la parole.

Thiers commença par faire partie d'une commission chargée d'élaborer diverses questions administratives; il avait pour collègues MM. de Barante, Auguste Périer, de Tracy, Rambuteau, Benjamin Constant; il se montra immédiatement à la hauteur d'un pareil vòisinage.

Bientôt, le baron Louis, devenu ministre des finances, prit pour collaborateur son élève déjà passé maître et il l'attacha à son département, avec le titre de conseiller d'Etat délégué. Le baron Louis, qui avait pu juger Thiers à l'œuvre, ne tarda pas à le présenter comme son successeur; mais celui-ci eut la modestie d'ajourner un honneur qui lui paraissait prématuré. Il fit preuve de tact en cédant le pas à M. Laffite, son ancien Mécène, qui prit le titre de ministre, lui laissant la charge et tout le travail. Quand sonna l'heure de la disgrâce, que motivèrent des opinions exagérées, Thiers, bien qu'il ne partageât pas ces opinions, ne voulut pas se séparer de M. Laffite. Il fit le sacrifice volontaire de sa position avec un désintéressement qui l'honore. Toutefois, il n'aliéna pas son indépendance et soutint, sans mandat officiel, le ministère Casimir Périer qui rêpondait plus directement à ses convictions.

La conduite de Thiers, à cette époque, fut vraiment exemplaire. Continuellement sur la brèche pour défendre l'ordre menacé, il montra une énergie de caractère et une maturité d'esprit qu'on ne pouvait attendre d'un homme de son âge. Personne plus que lui ne contribua à consolider le pouvoir et à maintenir la paix.

L'opposition, qui se recrutait principalement dans le personnel de l'Empire, croyait la France avilie, par cela seul qu'elle n'était plus dominatrice ; elle prêchait la propagande révolutionnaire sur des textes qui remuaient la fibre nationale. Thiers eut le courage de faire passer la raison avant la popularité. Il démontra, par la puissance des chiffres, le néant de ces rêves militaires, et son génie pratique sut triompher de l'éloquence mâle et pittoresque du général Lamarque et de la polémique incisive et ironique de l'avocat Mauguin.

Heureux ascendant de la jeunesse unie au tàlent! Si, plus tard, dans des circonstances presque analogues, Thiers avait pu obtenir le même résultat, si les sages conseils avaient prévalu sur les tendances belliqueuses, nous aurions évité bien dés hontes et des misères. Malheureusement, sa voix ne réveilla, en 1870, que de faibles échos. On ne sait que trop tout ce que nous a coûté de sang, de territoire et d'argent cette politique provocatrice qui aboutit à la défaite.

Honneur au grand ministre qui a su nous préserver de si grandes calamités et qui est mort à la peine! Honneur à son jeune et infatigable collaborateur qui l'aida dans sa glorieuse mission.

Contrairement à certaine opinion que la calomnie a accréditée, M. Thiers ne s'est pas montré fils ingrat. Tant s'en faut. Parvenu à la fortune, il appela sa mère près de lui. Mais la vieille Provençale, doublement dépaysée dans l'hôtel du ministère et dans les brouillards de Paris, ne tarda pas à ressentir la nostalgie du soleil et de la bastide. Elle demanda comme une grâce de retourner au pays natal, et choisit pour sa résidence le riant village de Bouc, entre Aix et Marseille. C'est là qu'elle a vécu heureuse jusqu'à ses derniers jours et que, sous une modeste pierre, la mère repose aujourd'hui à côté de l'aïeule.

Nous avons eu l'occasion de voir Mme Thiers quelquefois, et nous pouvons certifier qu'elle n'avait qu'à se louer des procédés de son fils.

Seulement, sa langue valait moins que son cœur et, dans certains moments d'hypocondrie royaliste, il lui arrivait de ne rien ménager, pas même la main qui la nourrissait.

Quant au père de M. Thiers, qui n'avait plus donné signe de vie à sa famille, il reparut tout-à-coup sur l'horizon après une éclipse totale de trente-cinq ans. Il avait appris la brillante fortune de son fils et, dès 1831, était accouru à Paris pour la partager.

Le retour de ce père *prodigue* ne fut pas salué avec grand enthousiame. Toutefois, Thiers s'abstint de récriminations et se contenta de faire un peu de morale pour l'avenir; malheureusement, ses sages exhortations n'aboutirent pas.

Comme la malveillance s'attache trop souvent aux hommes haut placés, on ne manqua pas de faire remonter jusqu'à Thiers des torts auxquels il était complètement étranger. L'homme d'Etat repoussa des soupçons immérités avec une telle indignation qu'il réduisit ses accusateurs au silence.

C'était justice. La politique de Thiers a pu

donner lieu à des appréciations diverses, mais il n'y a qu'une voix sur son honorabilité personnelle.

Son père dut quitter Paris. Il se retira à Carpentras chez une de ses filles d'un premier lit, buraliste de poste, et n'eut pas à se plaindre de son fils, qui lui servit une pension plus que suffisante jusqu'à la fin de ses jours.

Si nous sommes entré dans tous ces détails domestiques, c'est uniquement pour répondre à certains reproches que l'esprit de parti, trop passionné pour être juste, a voulu faire peser sur M. Thiers.

Ne fermons pas cette parenthèse, sans faire remarquer que les ascendants du Président actuel de la République sont morts l'un et l'autre dans un âge avancé. Le pays a intérêt à savoir qu'on devient vieux dans cette famille.

La mort de Casimir Périer avait ranimé les espérances de la démagogie. La République relevait la tête, et le saint-simonisme commençait ses prédications socialistes. Un nouveau ministère dut être constitué sur les bases de l'ancien, et, pour qu'il ne pût y avoir le moindre doute sur les intentions énergiques du gouvernement, Thiers, le défenseur le plus accentué du dernier cabinet, fut nommé ministre de l'intérieur.

La Vendée en feu, la Belgique menacée, les partis remuants : telle est la situation alarmante que trouva M. Thiers en entrant dans le cabinet du 11 octobre 1832. Son habileté et son énergie firent face à tout; la révolution fut muselée, la citadelle d'Anvers prise, et la Vendée pacifiée. Thiers eut l'honneur de mettre fin à la guerre civile. Tout en glorifiant la fin, l'histoire justifiera peu les moyens. Une mère qui vient défendre au péril de sa vie les droits de son fils, a quelque chose de respectable, qu'il fallait respecter quand même. La raison d'État a ses limites; elles furent évidemment dépassées par une négociation policière et une captivité outrageante.

Les circulaires de M. Thiers furent explicites ; elles indiquaient la ferme résolution de châtier sévèrement la violation des lois et les tentatives de guerre civile.

« Sévir légalement, » telle fut la devise pratiquée par le nouveau cabinet. L'acte le mieux inspiré de son ministère, celui qui mérite une reconnaissance incontestable, c'est la demande de crédits pour des travaux publics. Cette mesure, essentiellement utile et opportune, devait avoir sur les esprits une influence puissante ; elle tendait à donner à la paix une sanction matérielle et n'a pas peu contribué aux améliorations de la province et à l'embellissement de Paris.

La réception de Thiers à l'Académie couronna, cette année, une des plus belles époques de sa vie. Jamais hommage ne lui donna une plus vive satisfaction d'amour-propre.

Devenu peu de temps après ministre du commerce et des travaux publics, Thiers fit un voyage en Angleterre. Il alla étudier, au milieu des populations manufacturières de Liverpool et de Manchester, les secrets et les ressources de l'industrie et recueillir les sympathies de nos voisins, qui virent là une nouvelle preuve de la cordiale entente.

Ferme sans exagération, calme sans faiblesse, le jeune ministre exerça une influence très sérieuse dans les délibérations du conseil. Son éloquence toujours prête fait de lui le défenseur toujours armé du gouvernement. Comme digue aux débordements socialistes, il soutient et applique la loi sur les associations; en face de la guerre civile, il sait monter à cheval et payer de sa personne. Au milieu des démolisseurs, il ose dire : « Je suis architecte, » et ce courage qu'il déploie, partout où il y a un service à rendre à l'ordre et à l'autorité, lui fait beaucoup d'honneur: c'est un de ses meilleurs titres à la reconnaissance publique.

Ce temps de turbulence et d'émeute présente un spectacle consolant : celui de grands esprits et de nobles caractères, confondus dans un seul sentiment. MM. Thiers et Guizot n'étaient point encore séparés; ils combattaient ensemble; ils avaient l'un pour l'autre cette estime mutuelle et cette sympathie réciproque que l'on contracte toujours dans les temps difficiles, où l'on apprend à se connaître et où l'on met en commun son courage et son dévouement au pays.

Pourquoi cette alliance édifiante, que cimenta le ministère du 12 mars, n'a-t-elle pas toujours duré? Pourquoi a-t-elle fait place plus tard à un antagonisme qui neutralisa deux puissances et fut si préjudiciable à la monarchie de Juillet ?

Grâce à l'accord, la question de l'indemnité des Etats-Unis reçut une solution équitable; d'autre part, l'amnistie ne fut point proclamée; l'opposition a pu représenter la concession comme un acte de faiblesse et le refus comme un acte de barbarie; mais il est temps de rendre à ces faits leur véritable signification. La faiblesse eût été de désarmer, en présence des factions menaçantes; la barbarie eût été de ne pas acquitter une dette sacrée. MM. Thiers et Guizot, en faisant solder un légitime créancier et en laissant son libre cours à la justice, étaient dans le vrai.

Affrontant l'impopularité qui, en France, ne s'attache que trop souvent à l'accomplissement des devoirs, Thiers disait avec raison : « Les « partis politiques, je les connais; je sais comment « ils élèvent des idoles, comment ils font des « victimes; je connais leur justice, je la méprise « et la brave; il ne leur est pas donné de « m'intimider, de me faire fléchir dans ma « conduite. » Noble langage que nous mettons bien au-dessus des idées creuses et des phrases sonores que faisaient entendre les courtisans de la popularité.

Le monstrueux attentat qui ensanglanta Paris et ouvrit la série des tentatives régicides, prouve combien l'autorité avait raison de ne pas faiblir. Le pays avait besoin, plus que jamais, de mains fermes : Thiers et ses dignes collègues ne manquèrent pas à leur devoir. Ils furent unanimes pour présenter les lois sur la presse et le jury, dites les lois de Septembre, que les factions leur ont reprochées comme un crime et que rendait nécessaire la gravité des circonstances. Le seul reproche qu'on puisse peut-être adresser aux promoteurs de ces lois répressives, c'est le caractère *de permanence et de durée sans limite* qu'ils voulurent donner à des mesures accidentelles provisoires.

Le danger commun avait rapproché des esprits divergents; ce danger, une fois passé, réveilla certaines divisions intestines qui avaient été momentanément assoupies. Le dualisme du parti doctrinaire et du centre gauche, personnifié par MM. Guizot et Thiers, se montra à découvert. Le masque était jeté, la guerre était visiblement déclarée entre l'homme de la résistance et celui du mouvement. Désormais ces deux antagonistes, d'égale force, ne devront plus être ensemble au pouvoir. S'ils combattent une fois encore sous le même drapeau, ce sera pour le renversement d'un ennemi commun, avec l'arrière-pensée de reprendre, après la victoire, leurs antipathies naturelles et leurs hostilités particulières.

Nous faisons grâce aux lecteurs des détails intermédiaires, pour arriver immédiatement au cabinet du 15 avril, une des dates les plus curieuses de notre histoire parlementaire à laquelle se rattache si intimement la biographie de Thiers. Dans ce cabinet présidé par le comte Molé, les deux grands Provençaux ne figuraient point. L'inaction à laquelle étaient condamnés ces ministres en disponibilité était un poids bien lourd à supporter pour des hommes qui se croyaient indispensables. Ces fils de leurs œuvres ne pardonnaient point à un gentilhomme intrus de les avoir pour ainsi dire supplantés dans le maniement des affaires, et dans la conduite de cette machine constitutionnelle dont ils s'attribuaient le monopole.

Tel fut le véritable motif de la coalition que

MM. Thiers et Guizot organisèrent, de concert, contre le ministère du 15 avril. Il fallait un prétexte; on le trouva dans ce thème banal qui, en France, est à l'usage de l'opposition. On reprochait au comte Molé de tout subordonner au rôle de courtisan, de sacrifier les intérêts publics à une quiétude personnelle; on l'accusait d'une politique pas assez nationale; bref, on lui faisait un crime de vouloir la paix à tout prix, et l'on apportait en preuve l'évacuation d'Ancône. Progressif et national avant tout, Thiers était jusqu'à un certain point dans son rôle; mais M. Guizot, en entrant dans la coalition, reniait les principes de toute sa vie, essentiellement pacifiques et conservateurs. Ce doctrinaire puritain sacrifiait sur l'autel de la révolution, pour satisfaire à un mouvement de vanité personnelle et d'ambition impatiente. Plus que Thiers il mérite un blâme sévère.

La coalition croyait avoir bon marché d'un cabinet qui ne renfermait dans son sein aucune gloire de la tribune; mais elle avait compté sans l'éloquence qu'inspirent la conviction du droit et le sentiment de la dignité; elle trouva une résistance imprévue et une défense vraiment héroïque.

Le ministre gentilhomme ne laissa aucune accusation sans réplique. On n'a pas oublié l'effet que produisit sa réponse à M. Guizot qui, lui reprochant son adulation au pouvoir, avait ouvert le feu par cette phrase mémorable de Tacite : *Omnia serviliter pro dominatione*. Prenant texte de la citation, le comte Molé s'empressa de dire : « Ce n'est pas des courtisans que Tacite parlait, *c'était des ambitieux*. »

Le ministre avait frappé juste. Il se retira plus tard après une défense à outrance et avec les honneurs de la guerre. Les vainqueurs durent baisser la tête plus que les vaincus.

On ne saurait passer sous silence la part active que M. de Lamartine prit à cette glorieuse campagne. Sa nature généreuse et chevaleresque l'avait fait venir au secours d'un noble personnage qui était assailli de toute part avec fureur par une meute convoitant la curée. Il trouva d'éloquentes inspirations et des mouvements sublimes. Les rôles étaient intervertis : c'était le poète, cette fois, qui avait raison.

La coalition fut, à tous les points de vue, une grande faute; elle amoindrit le caractère des hommes qui l'organisèrent, elle désorienta l'esprit public, affaiblit, en le divisant, le parti de l'ordre et montra à l'opposition le moyen sûr de venir à bout de l'autorité constituée. Cette leçon ne fut pas perdue pour la révolution qui, plus tard, fit flèche de tout bois et se servit avec succès des éléments les plus hétérogènes.

On ne saurait qualifier trop sévèrement cette mauvaise action, mais on est désarmé par le regret et le repentir de ceux qui l'ont commise. Contentons-nous de dire qu'il avait droit à plus de ménagements, ce ministère, de respectable mémoire, qui avait fait l'amnistie, le mariage du duc d'Orléans et conduit à bonne fin l'expédition de Constantine, le règlement de la dette haïtienne et le siége de Saint-Jean-d'Ulloa.

III.

La coalition restait maîtresse du champ de bataille. Dans le ministère qui suivit immédiatement la chute du comte Molé, on ne voit figurer ni M. Thiers, ni M. Guizot. C'était sauver les apparences et ménager la transition; ce cabinet intérimaire était bientôt remplacé par le ministère du 1er mars, dont il n'avait fait, pour ainsi dire, que garder la place. La présidence du conseil revint tout naturellement à M. Thiers, qui avait joué le premier rôle dans la coalition. Il échut à M. Guizot l'ambassade de Londres.

Cette ambassade n'était au fond que l'éloignemeut du parti doctrinaire, et une sorte d'exil déguisé dans la personne de son chef.

Ce fut un beau jour que celui où M. Thiers, chef du cabinet, décacheta une dépêche datée de la chancellerie française d'Angleterre, portant la signature de M. Guizot, commençant par ces mots : *J'ai reçu vos instructions* et se terminant par la formule sacramentelle : *Votre très humble et très obéissant serviteur*. Rien n'était de nature à flatter davantage son amour-propre ; il avait distancé le seul homme qui jusque-là avait marché son égal.

Toutefois, notre illustre compatriote ne tarda pas à reconnaître que « le banc d'un ministre, comme disait M. Dupin, n'est pas un lit de roses. » Il trouva de sérieux embarras du côté des relations extérieures. La question d'Orient fut pour lui une véritable pierre d'achoppement. Partisan déclaré de la cause égyptienne, il se laissa surprendre par les événements. Le traité du 15 juillet, qui osa exclure la France du concert européen, se conclut à l'insu de Thiers, sous les yeux de M. Guizot, son ambassadeur, trompé, le premier sans doute, dans cette malheureuse affaire.

On a mis sur le compte personnel de Thiers cette ligue des quatre puissances; c'est à tort. Il ne saurait être responsable d'une position difficile qu'il n'avait pas faite. Bien avant lui, les dépositaires du pouvoir s'étaient énergiquement prononcés en faveur de Méhémet-Ali. Il avait même été question de se saisir d'un gage en Orient et d'occuper Candie, l'ancienne Crète, ce qui avait fait dire plaisamment : *Le coq gaulois veut enfin relever la crète !* Cette attitude belliqueuse avait donné l'idée de la convention dont les bases avaient été arrêtées dès ce jour-là. Thiers n'avait donc fait qu'hériter de la situation. Tout ce qu'on peut lui reprocher, c'est de n'avoir pas tenu assez compte de la duplicité anglaise et de s'être trop reposé sur la foi des traités; mais la félonie entache seulement ceux qui la commettent. Elle laissa intacte la respectabilité de la France et de son premier ministre. Dans cette circonstance, le président du conseil se montra national comme toujours. Il résigna un pouvoir qu'il ne pouvait plus conserver avec dignité, du moment où le souverain croyait avoir de bonnes raisons pour ne pas relever le gant que l'Europe coalisée jetait d'une main si peu chevaleresque.

Thiers, un peu trop belliqueux peut-être, faisait place à un successeur par trop pacifique.

Dans son enfance, Thiers se consolait de la mauvaise fortune avec les livres que lui prêtaient ses amis; devenu homme, il eut recours à la même philosophie, seulement il n'empruntait plus de livres, il les composait. Tombé du pouvoir, il se réfugia dans les lettres et reprit ses grands travaux d'histoire. Après avoir raconté comment le pays avait conquis ses libertés pendant la *Révolution*, il voulut montrer ce qu'il avait fait de cette conquête sous le *Consulat et l'Empire*. La suite remarquable donnée par l'auteur aux brillantes pages qu'il avait déjà écrites, complète le monument littéraire que son génie a élevé à notre histoire contemporaine. Si le premier ouvrage reflète l'enthousiasme et le coloris qui caractérisent plus particulièrement la jeunesse, le second reproduit les qualités sérieuses et les côtés profonds qui sont l'apanage de l'âge mûr. Sans cesser d'être peintre, Thiers est devenu penseur. Il y a, dans cette œuvre de longue haleine, un souffle puissant qui ne fait jamais défaut.

Thiers se prépara à cette histoire par des études consciencieuses. Il fit plusieurs voyages en Allemagne, en Italie, en Espagne et en Angleterré, soit pour explorer les champs de bataille, soit pour puiser dans les chancelleries des notes et des renseignements. Pièces diplomatiques, archives, acteurs encore vivants, Thiers a tout feuilleté, tout consulté. Jamais écrivain n'eut à sa disposition un plus riche trésor de documents authentiques, de papiers originaux, et n'a puisé de plus près l'histoire à ses sources. Son héros, après la France, bien entendu, c'est l'empereur; mais il place la vérité au-dessus de tout : son admiration n'exclut pas la critique. Ainsi, après avoir rendu à Bonaparte, premier consul, l'hommage que méritaient ses merveilles de stratégie militaire et ses actes de réorganisation administrative et sociale; après avoir rendu justice aux sages débuts de celui qui mit un terme à l'anarchie, pacifia les factions, rappela les émigrés, rouvrit les églises, conclut le concordat, institua la Banque de France, créa le grand-livre et fit achever la rédaction du Code civil, l'historien sait montrer le revers de la médaille. Il a des paroles amères pour Napoléon, devenu despote et conquérant. Il blâme surtout la guerre d'Espagne et l'expédition de Russie, où le génie de l'empereur semblait l'avoir abandonné; il devait le retrouver plus tard dans son immortelle campagne de France.

Début parfait, *milieu extravagant*, *fin héroïque*, tel est, en résumé, le jugement impartial porté par l'historien sur cet homme prodigieux dont l'élévation donne le vertige, qui, en bien comme en mal, a dépassé, pour ainsi dire, les limites de l'humanité, et qui, de son vivant, a atteint des proportions presque légendaires.

Comme on le voit, Thiers occupait noblement les loisirs que la politique lui avait faits; il s'était jeté avec amour dans les bras des muses consolatrices. Hâtons-nous d'ajouter, pour rester dans le vrai, qu'il épousait les lettres sous la législation du divorce, avec la pensée de convoler en secondes noces le jour où il pourrait rentrer au pouvoir. En attendant, il s'enrôlait dans les rangs de l'opposition. Il croyait alors la monarchie de Juillet consolidée et assise sur des bases inébranlables. Tant qu'il l'avait vue chancelante, il s'était abstenu de critiquer ses agents et leurs actes; il s'était borné à les défendre, au préjudice même de sa popularité.

De temps en temps, Thiers quittait la plume pour monter à la tribune, et chaque fois qu'il prenait la parole, il obtenait des applaudissements mérités. Il intervient avec sa supériorité habituelle dans toutes les questions utiles et pratiques soulevées à la Chambre. Ses rapports sur les budgets sont des modèles du genre. Les traités de commerce, la loi de régence, la discussion de l'adresse, l'instruction secondaire, le droit de visite, l'achèvement des fortifications de Paris, servirent de texte à son éloquence patriotique et lui valurent une réputation de bon aloi.

Le retour des cendres de l'empereur, qui releva un moment le ministère Guizot dans l'esprit national, était, avec les fortifications de Paris, un héritage que lui avait légué l'administration de Thiers.

Pendant les sept années que dure le ministère du 29 octobre, se livre un duel presque incessant entre ces deux grands méridionaux. La France, divisée, assiste avec des impressions diverses aux passes brillantes de ce tournoi parlementaire, tandis qu'un troisième antagoniste aiguisait ses armes en silence, et, comptant les coups portés et les blessures reçues, guettait, pour intervenir, l'heure propice. Ce personnage, vous l'avez déjà deviné, c'est la Révolution. Mais n'anticipons pas sur les événements, ils ne se précipiteront que trop pour le malheur du pays.

Arrêtons-nous sur les derniers jours de la monarchie.

Un jeune groupe de députés eut le bon esprit de rester étranger aux agitations de la rue et aux querelles de portefeuille; arborant le drapeau de l'économie politique, il s'était mis sérieusement à l'œuvre, travaillait à la réforme commerciale et avait pour principal objectif la révision des tarifs et l'étude des affaires. Si la révolution n'était venue se jeter à la traverse, si elle n'avait pas interrompu la campagne entreprise par ces hommes intelligents qui marchaient sur les traces de Cobden, de Brigt, etc., il est probable que le gouvernement de Juillet n'aurait pas laissê à l'Empire la gloire d'appliquer les fécondes doctrines de l'école de Manchester.

Nous signalons avec regret que Thiers ne faisait point partie de cette phalange. Les meilleures organisations ont leur côté faible : celui de cet homme d'Etat était de ne pas croire à la science d'Adam Smith, d'Horace Say et de John Stuart Mill. Le système dit protecteur a toujours souri beaucoup plus que le libre-échange à un homme qui a poussé l'esprit national jusqu'à l'exagération.

Peu de temps avant la catastrophe de Février, Thiers, en villégiature, vint à Marseille où il trouvait de chers souvenirs et où il comptait de bons amis.

Une de ses premières visites fut pour la modeste maison, berceau de son enfance, et pour le lycée, théâtre de ses premiers succès. Cette fois, la population marseillaise fit à Thiers le cordial accueil qu'il méritait. Il se montra très sensible à ces témoignages d'affection, et fut particulièrement touché d'un banquet que ses anciens condisciples lui offrirent chez Roubion, à la *Réserve*, banquet auquel j'eus l'honneur d'assister.

Notre ami Chataud était maître des cérémonies. Il présentait les convives sous leurs anciens sobriquets, et Thiers, plus d'une fois, corrigeait le thème et rétablissait en souriant les noms véritables. Comme on s'étonnait de cette présence d'esprit après de si longues années, notre honorable compatriote répondit : « La mémoire du cœur ne redoute pas le lointain : elle est presbyte. »

Ce début promettait. On se mit à table. Les senteurs de la mer avaient aiguisé l'appétit et portaient à la gaîté. La conversation n'avait pas moins de sel que la bouillabaisse, et l'esprit circulait à la ronde avec les vins du crû. Thiers fit l'éloge de notre Cassis qui, selon lui, valait bien le Johannisberg, et dont le seul tort était d'être récolté tout près. L'illustre convive mit les clovisses et les oursins au-dessus des huîtres, la bouillabaisse au-dessus de la matelotte, la Méditerranée au-dessus de l'Océan; bref, il redevint

Marseillais pur sang, tout en conservant l'atticisme parisien.

L'ami chargé de lui porter un toast avait la parole facile, mais la mémoire ingrate, et, comme il avait appris par cœur, il resta court. Il y eut un moment critique pour l'orateur et l'auditoire. Thiers quitta sa place, et serrant la main de l'ami en détresse, se contenta de lui dire : « Il n'y a pas de quoi s'affliger. Je me suis parfois repenti d'avoir parlé, mais jamais de m'être tu. Mieux vaut souvent s'arrêter en chemin qu'aller jusqu'au bout. »

Cette apologie du silence, dans une pareille bouche, changea en hilarité cet incident pénible, et l'orateur malheureux fut le premier à rire de sa mésaventure.

Thiers fut pétillant d'esprit; il n'épargna point les compliments aux enfants du Midi. Il considérait comme de véritables dons du ciel la netteté de l'idée et la clarté de l'expression qui caractérisent plus particulièrement les natures méridionales. « Le maréchal Marmont, dit-il, a remarqué que les plus adroits pointeurs de l'armée française étaient des Corses et des Provençaux.

Il signale le fait sans en donner la raison. Cette raison, la voici : l'homme est le réflecteur du milieu dans lequel il est né et a grandi ; sa vue s'éclaircit avec le soleil et s'assombrit avec les brouillards. Ce phénomène physique se reproduit dans le domaine de l'intelligence. »

Lamartine était dans le moment l'auteur à la mode. Son *Histoire des Girondins* avait presque éclipsé la gloire des *Méditations*. Consulté sur l'opinion qu'il avait de ce livre, Thiers répondit : « C'est l'œuvre d'un poète qui romantise tout et enjolive même la guillotine. Il joue avec la Révolution ; d'un drame terrible, il a fait une idylle à la Florian et métamorphosé Robespierre en Némorin. L'orateur est supérieur à l'historien. Quand Lamartine parle, il se fait autour de lui un religieux silence : c'est une harpe éolienne qui suspend l'auditoire à ses accords. Il enchante, il ravit ; seulement, ajouta Thiers, tout ce que Lamartine dit est entre deux parenthèses. »

L'invité porta un toast à ses amphitryons, à ses camarades de lycée ; il n'oublia personne, et fit bonne mesure à tous. Son prédécesseur avait pu rester sur ses dents, Thiers parlait pour deux ;

je crois qu'il aurait encore la parole s'il lui avait fallu dire tout ce qu'il sentait.

Les souvenirs du pays, les impressions d'enfance fournirent la principale matière à la conversation; on parla de tout, mais on s'abstint de politique. Chaque fois qu'il était question de la mettre sur le tapis, Thiers l'écartait avec adresse: « Ne touchons pas, disait-il, à ce trouble-fête. »

Au dessert, la verve redoubla. Prenant texte du bordeaux, du bourgogne et du champagne qu'on versait, il développa une théorie ingénieuse sur les populations à boisson chaude et à boisson froide et conclut en faveur des premières. La France, par exemple, pays des vins généreux et des grands crûs, distancera toujours, comme esprit, cette immense brasserie de bière qu'on appelle l'Allemagne. Malheureusement pour nous, cette brasserie, plus tard, est devenue une usine à canons.

A table comme à la tribune, Thiers se montre national. Le patriotisme, chez lui, est une idée fixe. C'est pour ainsi dire l'ombre de son esprit qui le suit partout, même dans ses excursions les plus fantaisistes.

Comme orateur ou comme écrivain, Thiers peut avoir des égaux et même des supérieurs; mais comme causeur, il est hors ligne : sa conversation est de l'esprit chanté sur le mode français par un virtuose qui n'a pas son pareil. Méry lui-même, cet autre enfant de Marseille, ce conteur renommé, doit baisser pavillon. Méry parlait sur des thèmes. Avec ses paradoxes brillants mais un peu prolongés, il accaparait le dé de la conversation et supprimait l'esprit du voisinage qui se contentait de l'écouter; c'était du monologue. Thiers, au contraire, parle à l'improviste, sans siége fait d'avance; loin de réduire la galerie au silence, il lui donne la réplique et communique son esprit aux autres : c'est du dialogue et des meilleurs. Chez les deux Marseillais, l'imagination joue également un rôle, mais cette *folle du logis* qui à l'un ne fournit que des paradoxes et des saillies, prodigue à l'autre du bon sens relevé par la science.

Le repas de la *Réserve* précédait de bien peu l'organisation des banquets réformistes. La France dansait encore sur un volcan, mais le cratère fumait si peu, l'horizon paraissait si clair, que Thiers se fit jusqu'au bout illusion. Sa perspicacité se trouva en défaut; il n'eut aucun pressentiment de l'éruption et de la secousse prochaines. Lorsque tant de gens apercevaient des points noirs à l'horizon, lui voyait l'avenir en rose. Il avait une foi aveugle dans la vitalité du principe constitutionnel et croyait à la durée de la dynastie bourgeoise qui le représentait et dont la dernière heure allait sonner.

La monarchie de 1830, la meilleure des républiques, comme on l'appelait dans le langage du temps, expirait le 24 février 1848, entre les mains du doctrinaire Guizot. Elle est morte, non pas de vice constitutionnel, mais des œuvres de MM. Thiers, Odilon Barrot, de Rémusat, Dufaure et consorts, les plus intimes de ses amis; ils l'ont tuée sans le vouloir, avec l'intention, hautement exprimée et sincère au fond, de la raviver et de la rajeunir.

L'histoire, qui place les faits et les résultats au-dessus des intentions, enregistrera avec des réflexions sévères ce cas d'homicide par imprudence.

IV.

Dans cette néfaste journée où le sanctuaire législatif fut violé, dans cette séance orageuse où le sans-culottisme armé vint provoquer la déchéance de la royauté, Thiers ne protesta que par son silence contre cet attentat. Il resta morne et atterré sur son banc, et se contenta de dire à ses collègues, pâles comme lui : *Le flot grossit, la marée monte.*

L'historien de la Révolution française devait se tromper, moins que personne, sur la portée des scènes démagogiques dont il était témoin; il venait d'assister à un de ces drames qu'il avait si bien décrits et peut-être trop enseignés, et dont le dénouement ne pouvait être que sanglant, fatal aux lois et à la liberté.

Le chef de l'opposition dynastique ainsi débordé reconnaissait un peu tard la double faute qu'il avait commise : la première, en poussant aux banquets réformistes; la seconde, en faisant retirer le commandement militaire au maréchal Bugeaud, le seul homme capable de maîtriser l'insurrection. Thiers s'était fait l'illusion de croire que la parole des tribuns suppléerait à l'action des soldats, qu'un simple changement de ministère suffirait pour conjurer la foudre révolutionnaire : il était deux fois dupe de la confiance que lui inspirait sa popularité.

C'en était fait de la monarchie de Juillet.

Thiers comprit avec la France presque entière qu'il fallait se rallier à la nouvelle forme de gouvernement pour ne pas laisser la démagogie maîtresse absolue du terrain. Il envoya son adhésion au gouvernement provisoire et se présenta aux élections pour la Constituante, ne voulant pas, disait-il, rester étranger aux destinées nouvelles de son pays.

On était de bonne foi, on voulait faire une loyale expérience de la République, mais l'essai ne fut pas heureux. On ne tarda pas à s'apercevoir que la République n'était qu'un prête-nom, un masque. La proclamation du droit au travail, l'organisation des ateliers nationaux, les prédications de Louis Blanc, l'Icarie de Cabet, la Banque de Proudhon, ouvrirent les yeux aux moins clairvoyants. Ces excentricités ne pouvaient laisser le moindre doute sur les intentions spoliatrices des nouveaux venus.

Bastiat, Alphonse Karr, Louis Reybaud, de Lavergne, Forcade et Cham, le spirituel caricaturiste, attaquèrent, avec l'arme du bon sens et du ridicule, les utopies des prétendus réformateurs. Mais leur antagoniste le plus sérieux fut Thiers, à qui ses anciens électeurs avaient retiré leur mandat, et qui, à défaut de la parole, avait repris la plume.

Ce publiciste éminent coordonna les matériaux qu'en des temps plus heureux il avait préparés dans le silence du cabinet, et auxquels les événements survenus donnaient un incontestable à-propos. Il publia son livre *De la Propriété.*

La société française en était arrivée à cet état de perturbation morale, que les idées les plus naturelles, les plus universellement reconnues, étaient mises en question, et Thiers rappela dans ce livre trop peu lu et pas assez loué, les axiomes sociaux que le sophisme niait audacieusement, malgré leur évidence.

L'auteur commence par poser les bases du droit de propriété. Il signale la consécration séculaire de ce droit auquel se rattachent la rémunération du travail et les intérêts de la famille; il prouve par l'inégalité des facultés de l'homme l'impossibilité de l'égalité des biens, la moralité de la transmission, l'influence salutaire de l'hérédité sur la richesse publique, en un mot, l'action civilisatrice de la propriété dans le monde. Il met en regard de ces bienfaits les dangers et les difficultés sans nombre que présenterait l'application de l'utopie communiste, l'atteinte grave qu'elle porterait à la liberté individuelle et aux plus nobles sentiments de l'âme humaine.

Dans un chapitre spécialement consacré au socialisme, il passe en revue les véritables souffrances auxquelles il serait désirable de pourvoir, et indique les moyens pratiques d'y remédier, dans la mesure limitée du possible.

Sa conclusion est qu'il existe dans la société une portion de mal que les gouvernements doivent s'attacher à réparer et qu'il y en a une autre, inhérente à la nature humaine, qu'aucune réglementation ne saurait épargner aux hommes.

Proudhon demandait : « Qu'est-ce que la propriété ? » Il s'était répondu : « *La propriété, c'est le vol !* »

Le livre de Thiers était la réfutation victorieuse de ce monstrueux paradoxe.

L'ancien député d'Aix, qui avait échoué aux élections générales, fut élu plus tard par quatre départements et opta pour la représentation de la Seine-Inférieure.

Sa présence à la Chambre renforça le parti de l'ordre. Eclairé par l'expérience, Thiers chercha en toute rencontre une popularité en sens inverse de celle que l'agitation réformiste lui avait rendue quelques mois auparavant.

Au 10 décembre, il vota pour la présidence du prince Napoléon, dont il avait combattu d'abord la candidature; il devint l'âme de la fameuse réunion de la rue de Poitiers; il vota pour l'expédition de Rome et pour la suppression des clubs, considérées comme les mesures les plus réactionnaires.

Plusieurs mois avant le coup d'Etat, Thiers, avec son flair des hommes et des choses, avait dit : « L'Empire est fait. » Incarcéré à Mazas, éloigné ensuite du territoire et conduit jusqu'à Francfort, il n'oublia jamais cette atteinte portée à sa liberté; on le voit sous l'Empire figurer constamment dans les rangs de l'opposition. Toutefois, le jour où ses conseils n'avaient point prévalu, le jour où nos soldats étaient engagés sur un mauvais terrain, il se gardait bien de remontrances publiques qui pouvaient éclairer l'ennemi et lui fournir des armes. Son esprit national dominait ses rancunes personnelles ; malheureusement pour le pays, l'opposition ne suivit pas toujours un pareil exemple.

On n'a pas oublié les sages avertissements qu'avant la déclaration de guerre à la Prusse il fit entendre, et qui soulevèrent des murmures presque unanimes et lui valurent les plus insultantes qualifications. A l'heure de nos revers, il pouvait tirer vanité de sa clairvoyance si peu partagée ; mais, tout entier aux maux de la patrie, il ne songea qu'aux moyens de les soulager. Au lendemain de nos désastres, il se donna la pénible et ingrate mission d'aller implorer l'assistance étrangère pour la France qui baignait dans son sang et gisait à terre. Il pensait avec raison que c'était le moment de relever, coûte que coûte, la victime, d'étancher le sang et de panser les blessures; mais les charlatans de patriotisme aimèrent mieux l'exposer à de nouveaux coups. On sait à quoi s'en tenir maintenant sur ces misérables phraseurs de *guerre à outrance,* de *pas un pouce de territoire,* de *pacte conclu avec la victoire ou avec la mort*, phrases meurtrières qui n'ont épargné que leurs auteurs et dont chaque syllabe a coûté un torrent de sang et des milliards. Cette fois encore, la France s'est amèrement repentie de n'avoir pas écouté M. Thiers.

L'ambassadeur extraordinaire a publié un mémorandum dans lequel il a rendu compte de sa douloureuse odyssée à travers l'Europe. Dans ce champ où il a moissonné toute la partie essentielle, je me permets de glaner après lui quelques épis. Je vais donner certains détails anecdotiques et inédits sur son voyage à Saint-Pétersbourg.

M. Thiers arriva, par une journée déjà froide, à la gare de Tsarskoë-Célo (village du czar). En l'absence du général Fleury, démissionnaire, il fut reçu par le marquis de Gabriac, premier secrétaire de l'ambassade française. A peu de distance de là stationnaient trois voitures de la cour préparées pour l'illustre visiteur et sa suite. Les équipages n'étaient pas ceux du grand apparat; mais les capelaines (valets particuliers de la maison impériale) étaient en livrée rouge et chapeau à plume, ce qui indiquait un certain cérémonial. M. Thiers fut conduit d'abord chez le prince Gortschakoff, puis au palais de l'empereur.

Le czar montra cette courtoisie qui est particulière aux Russes et qu'il possède au suprême degré. Il reçut M. Thiers dans son cabinet particulier. Personne n'assistait à l'entrevue, qui dura environ une heure.

Que se dirent les deux personnages? Nul ne le sait; mais il est facile de le deviner par les mots qui échappèrent à M. Thiers au sortir de la séance.

Ces mots, les voici : « L'empereur vient de recevoir l'historien, j'espère qu'il recevra plus tard l'homme d'Etat. »

Il ressortait évidemment de cette phrase que le czar avait réservé la question politique, et que le but principal de la mission était manqué.

Pouvait-on attendre davantage d'un souverain qui avait ostensiblement complimenté nos vainqueurs au lendemain de nos désastres, qui a choisi pour premier ministre de sa maison le comte Adlerberg, d'origine prussienne, et qui professe pour les Allemands les sympathies les plus marquées?

Le czarewitch est, par contre, un francophile des plus accentués. A l'époque de la souscription en faveur de la France qui produisit de si fortes sommes en Russie, les banquiers, tous Allemands, étaient peu disposés à faire passer l'argent : ce fut le grand-duc héritier qui se chargea lui-même de l'envoi. Il donna l'ordre d'acheter des blés à Odessa pour le montant des sommes souscrites et fit expédier les chargements à leur destination.

Peu de jours avant l'arrivée de Thiers, le czarewitch donnait une soirée intime dans laquelle il fut interdit de parler allemand, sous peine de cinquante roubles d'argent. Le premier acte de l'empereur Alexandre, en s'asseyant à la table de tric-trac, fut de contrevenir avec affectation à la défense. Sa Majesté paya l'amende convenue et dit : « Pour les prisonniers prussiens internés en France. » Sur ce, l'empereur se lève, tourne le dos à la cour et ne reparaît plus de la soirée.

Le lendemain, le grand-duc était consigné dans le palais Anitchkoff.

A la fin de la guerre, quand les princes et les généraux prussiens vinrent remercier le czar des décorations qu'il leur avait prodiguées, on remarqua l'absence du czarewitch ; il avait jugé le moment opportun pour aller à Moscou s'installer dans son palais du Kremlin avec la grande-duchesse Dagmar, son auguste épouse, fille du roi de Danemark, et peu payée pour aimer les Allemands. Les sentiments des héritiers présomptifs de la couronne sont, hâtons-nous de le dire, partagés par la population presque entière. M. Thiers a pu s'en convaincre aux marques de respect et de sympathie que les boyards, les bourgeois et les mougiks lui ont partout montrées sur son passage.

Ce concert de témoignages affectueux promet beaucoup pour l'avenir; malheureusement Thiers, dans une seconde et dernière entrevue avec l'empereur, dut comprendre qu'il y avait peu à obtenir pour le présent.

Revenons en France. — A son retour, Thiers reçut la récompense qui lui était due à tant de titres. Nommé représentant par vingt-six départements, il dépassait de beaucoup le nombre des suffrages qu'avait obtenus M. de Lamartine en 1848 et se trouvait ainsi tout naturellement désigné pour la première magistrature du pays.

Élu président de la République française, il se montra à la hauteur de son mandat et obtint la prépondérance et l'autorité que réclamait la gravité des circonstances. M. Thiers était l'homme de la situation. Le vaisseau de l'Etat avait sombré; sa main habile a su le relever. Il a fait rentrer dans le devoir l'insubordination des équipages, non moins dangereuse que l'impéritie des pilotes; il a mis les fous à la raison, il a réduit les révolutionnaires à l'impuissance, reconstitué la discipline militaire et la hiérarchie administrative; il a rétabli notre crédit moral et financier; en un mot, il a substitué le régime des lois à l'anarchie, l'ordre au chaos.

Ce sont là des services qu'on ne saurait oublier sans ingratitude. Le pays, dont M. Thiers a pris le gouvernail au milieu d'un véritable cyclone, pourra-t-il être conduit définitivement au port? Il faut l'espérer, mais Dieu seul le sait. La tâche entreprise est laborieuse et difficile. — Thiers veut tout faire par lui-même; ayant peu de foi dans les prétendants et prenant la République au sérieux, il a renoncé au rôle de Monk et aspire à la gloire de Washington. Tendance honorable, sans doute, mais problème d'une solution douteuse dans un pays où les idolâtres de la République en comprennent si mal et en pratiquent si peu les principes.

Dans la conjoncture critique où nous sommes,

M. Thiers semble sacrifier trop souvent ses amis, ses alliés naturels, et s'appuyer sur des auxiliaires dont il a plus d'une raison de se défier. Il joue hardiment avec le feu. A son âge, est-ce prudence, est-ce témérité ? Nous ne pouvons nous défendre de certaines anxiétés, et toutefois nous avons confiance. Nous aimons à nous reposer sur les données rassurantes qui se dégagent de la longue vie de M. Thiers. N'avons-nous pas pour garanties l'excellence de son patriotisme, une pénétration qui lui a rarement fait défaut, et, par dessus tout, son inviolable attachement aux principes fondamentaux de la société ? Il est ennemi des sophismes et des utopies ; il a le sens droit, l'esprit prompt, l'activité jeune; il sait agir et temporiser, au besoin. Il connaît les hommes et les choses. Brillante incarnation de la nationalité française, il représente la meilleure chance du pays. Espérons qu'il le sauvera.

Malgré ses soixante-quinze ans sonnés, Thiers n'a rien de sénile. Au physique comme au moral, il possède encore beaucoup de sève et de verdeur. On peut le comparer aux arbres de son pays, à ces oliviers qui portent des fruits de l'arrière-saison et ne se dépouillent pas même en hiver. Il avoue ne pas connaître l'insomnie ; il a conservé, dit-il, son sommeil du lycée, et il le prouve en s'endormant plus d'une fois au milieu même des notabilités qui remplissent ses salons. Il n'a jamais été sérieusement malade ; il doit sa robuste santé à sa vie sage, sobre et réglée. Il a des habitudes invariables d'hygiène. N'en déplaise aux narrateurs fantaisistes de certaines orgies de Grandvaux, Thiers s'est constamment abstenu de tout excès. Sa vinosité ne dépasse pas le petit verre de Frontignan à la fin de ses repas. Il consacre de préférence le soir aux grandes affaires : « A cette heure, dit-il, le cerveau est dans la plénitude de son fonctionnement par toutes les excitations de la journée. Le matin, la nature est calme, reposée, terre à terre. La boîte semble vide, la machine où s'élabore la pensée manque de vapeur. »

Jamais un enfant du Midi ne porta aussi loin que Thiers la lucidité d'esprit et la netteté d'expression. On dirait un alambic à travers lequel la pensée arrive claire et distillée : il a l'éloquence transparente. C'est un vulgarisateur qui fait toucher du doigt l'évidence. M. Malitourne, un homme d'esprit, disait : *Thiers, c'est M. de La Palisse ayant le courage de son opinion.* Dans un pays où le gros bon sens ne court pas les rues, cette définition contient un éloge sous l'apparence d'une épigramme. Dans un temps de vagues et creuses rêveries, on ne saurait se montrer trop positif.

Thiers a rompu, comme orateur, avec les traditions classiques. Il va droit au fait, sans phrases, et procède de Canning plus que de Mirabeau. C'est un parleur pratique, à la manière anglaise.

Comme écrivain, Thiers fait, dit-on, trop bon marché de la forme. On désirerait plus de fini dans le rendu de la pensée; on ne considère pas son expression comme assez littéraire. Tout en reconnaissant que cette critique est fondée jusqu'à un certain point, nous trouvons dans cet écrivain tant de grâces naturelles, que nous regretterions presque la toilette que certains amoureux du style voudraient mettre à un si charmant négligé. Sa forme ne gagnerait pas être tirée à quatre épingles; elle perdrait souvent un bonheur d'expression qui vient au courant de la plume. La littérature de M. Thiers ressemble à la peinture d'Horace Vernet, un grand peintre de batailles comme lui. Elle a mieux que le dessin et le coloris : elle possède le mouvement et la vie.

Cet écrivain, qui prend la forme au hasard de la rencontre, traite le fond beaucoup plus sérieusement. Il ne néglige rien pour obtenir un renseignement précis; il ferait mille lieues pour rectifier un fait, pour éclaircir un doute. On raconte qu'un jour il faillit se mettre en route pour relancer jusqu'à Moscou le général Jomini, l'habile stratégiste qui, seul, pensait-il, pouvait lui expliquer les plans de certaines batailles qu'il avait à décrire. Heureusement le général arriva à Paris, au moment où Thiers faisait sa provision de cartes militaires et de fourrures.

Le fatalisme historique que l'on reproche généralement à M. Thiers tient plutôt à la trame et au tissu de son œuvre qu'au dessein arrêté et au parti pris de l'auteur. Dans son récit, les faits s'enchaînent naturellement; étant donnés chaque scène, chaque épisode, le lecteur en déduit presque irrésistiblement la suite et conclut par la seule force de la logique du présent à l'avenir.

Thiers accorde aux victimes la pitié qu'elles méritent; toutefois, il ne s'indigne pas assez contre les bourreaux; il semble craindre de pousser aux représailles. Il se souvient trop que la Convention a repoussé l'invasion étrangère et sauvé la France. Cette pensée le domine et le rend indulgent outre mesure. Il serait à désirer peut-être que son patriotisme passât un peu moins l'éponge sur le sang.

Thiers, qui a des aptitudes si variées et si merveilleuses, à qui rien n'est étranger, pas même les mathématiques et la mécanique céleste, ne possède pas du tout le don des langues. En fait d'idiomes étrangers, il ne connaît guère que l'italien, cette quasi-continuation du provençal. Réfractaire aux langues du Nord, il n'a jamais pu apprendre l'anglais ou l'allemand. Il apprécie le mérite des polyglottes; mais, pour lui, il s'en tient au français, et même au français du dix-huitième siècle. La langue de Buffon, de Montesquieu, de Bernardin de Saint-Pierre et de Voltaire lui paraît assez complète pour se suffire à elle-même ; aussi est-il peu entré dans les innovations de l'école romantique : il trouve avec raison que les enfants de la France sont assez divisés sur les principes et les idées, sans se faire encore une guerre puérile de mots.

Thiers a eu toutes les satisfactions d'amour-propre imaginables : ses livres et ses discours ont eu un retentissement universel; il a été solennellement proclamé notre premier historien national par une bouche impériale; il a le droit de porter le grand-cordon de la Légion d'honneur, l'ordre de la Jarretière et celui de la Toison d'or. Son entrevue avec M. Guizot marche de pair avec la conférence des trois empereurs; la Grande-Bretagne le choisit pour arbitre; il appose chaque jour sa signature au bas de décrets souverains; l'Église prie officiellement pour la prolongation de ses jours, et le monde entier lui a ouvert un crédit de 44 milliards. L'adversité n'a pas même manqué à sa fortune : il a connu la pauvreté et la proscription. Enfin, comme tous les fondateurs de dynastie, il a eu ses embarras, ses ennuis de famille et a traîné son boulet domestique. C'est une existence complète.

A cet homme, si généreusement doté, il n'a manqué que des enfants. Cette circonstance, regrettable au point de vue de sa satisfaction personnelle, ne peut exercer qu'une influence heureuse pour les intérêts généraux qu'il a mission de représenter. L'homme public, ainsi dégagé des préoccupations paternelles qui prennent une si grande place dans la vie, a plus de temps à donner aux affaires du pays; il peut s'y consacrer sans réserve et tout entier. L'absence de lignée, qui complique les questions monarchiques et les situations héréditaires, doit par contre simplifier la marche des pouvoirs républicains et viagers; c'est une garantie naturelle et une sorte d'assurance contre le népotisme et les coups d'Etat.

Pour compléter notre étude biographique, disons un mot sur la personne proprement dite de M. Thiers.

La caricature, qui ne respecte rien en France, a tourné en ridicule le physique de celui qu'elle

6

a baptisé du nom de *Mirabeau-mouche ;* nous en appelons par-devant une autorité plus sérieuse.

Voici le portrait que, sur l'impression d'une première entrevue, a fait de M. Thiers un peintre qui ne peut être suspecté de courtisanerie, et qui s'appelle Lamartine :

« Un petit homme taillé en force par la nature, « dispos, d'aplomb sur tous ses membres comme « s'il eût été toujours prêt à l'action, la tête bien « en équilibre sur le cou, le front pétri d'aptitu- « des diverses, les yeux doux, la bouche ferme, « le sourire fin, la main courte mais bien ouverte, « comme ceux qui, selon l'expression plébéienne, « ont le cœur sur la main. Le vulgaire peut « prendre cette physionomie pour de la laideur, « mais je ne m'y trompai pas. C'était la beauté « intellectuelle, triomphant des traits et forçant « un corps rebelle à exprimer une splendeur « d'esprit. »

Quiconque regardera attentivement le portrait qui se trouve en tête de cette notice et qui est dû à l'habile burin de notre ami Eugène Lagier, trouvera, dans ce dessin vivant et si bien réussi, tous les traits indiqués par M. de Lamartine. Le temps n'a pas altéré cette spirituelle et intelligente physionomie; et le peintre, après bien des ans écoulés, n'aurait pas la moindre retouche à faire à son tableau, tant il reste vrai.

Pourquoi Marseille s'est-elle montrée indifférente et presque marâtre pour le plus illustre de ses enfants? Thiers a fait la triste expérience de ce proverbe trop vrai : Nul n'est prophète en son pays.

Dans une ville qui a baptisé de noms réprouvés plus d'une de ses rues et qui a trouvé une place pour Danton, on cherche en vain un coin qui porte le nom de Thiers ! Le croirait-on ? la maison même où est né cet enfant de Marseille, une des célébrités de la France, n'a pas un morceau de cuivre ou de marbre qui rappelle un glorieux berceau. C'est vraiment une honte pour les édiles qui se sont rendus coupables d'un pareil oubli, et quiconque a tant soit peu de patriotisme et de cœur doit appeler de tous ses vœux un vote réparateur.

Nous avons réservé comme bouquet final un épisode dont nous garantissons l'authenticité et qui rappellera de riants souvenirs à M. Thiers, si par hasard ces lignes tombent sous ses yeux.

Un soldat russe prédit, assure-t-on, à Catherine la cantinière qu'elle monterait sur le trône des czars; une négresse de la Martinique présagea à la jeune Joséphine Tascher de la Pagerie sa grandeur future; certaine devineresse de Rome annonça au fils d'Hortense, encore enfant et exilé, qu'il rentrerait en France et serait couronné empereur; enfin, sous un palmier d'Orient, lady Stanhope dévoila en 1833 à Lamartine les jours de popularité et de puissance presque souveraine que lui réservait 1848.

Si M. Thiers consulte bien le passé, il doit trouver dans ses souvenirs une révélation de ce genre qui lui est personnelle. Il a entendu, lui aussi, des voix sybillines.

En 1820, Thiers vint plaider pour M. Rollandin, son protecteur de longue date, un procès qu'il perdit ; mais le président Borély, un bon juge, s'approchant, à la fin de l'audience, de l'avocat débouté, lui dit : « Jeune homme, vous perdez les petits procès, mais vous en gagnerez de grands. Votre place n'est pas à la barre d'un tribunal de province ; elle est marquée à Paris, dans la tribune française. »

En 1831, à la fin d'une tournée électorale, cet enfant de Marseille était venu respirer l'air natal. Il passa quelques jours chez la veuve Filipini, sa chère marraine, dans une ravissante bastide des Aygalades.

Un matin, l'aube pointait à peine et déjà Thiers, en compagnie de quelques intimes, s'acheminait vers la mer qu'il aime passionnément. Amateur de pêche, il s'était entendu, dès la veille, avec un patron pêcheur et lui avait acheté à forfait tous les poissons qui seraient pris dans ses filets. Thiers s'embarque avec ses amis et préside avec émotion à la levée des *this*.

Les premières mailles amenaient quatre rougets de roche ; quelques brassées après, Thiers recueillait une langouste et deux pageaux ; puis se succédaient en abondance des rascasses, des loups et des dorades, bref une pêche vraiment miraculeuse. A la dernière pièce de filets était suspendu un pagré, le poisson le plus rare et le plus estimé de la Méditerranée. Sous l'impression de cette riche capture, le patron pêcheur, s'approchant de Thiers, qu'il dominait de toute la tête, lui dit d'un ton solennel :

— *Moussu , sias fouesso hérous , fares vouestré camin. Lou pagré es un pey dé fourtuno, es un mouceau dé rey.*

(Monsieur, vous êtes bien heureux, vous ferez votre chemin. Le pagré est un poisson de fortune et un morceau de roi (*sic*).

Thiers était radieux; il descendit de la barque triomphant, et malgré la confiance qu'il avait dans son étoile, il ne se doutait pas que le patron eût frappé aussi juste et dit aussi vrai.

Le vieux pêcheur fit lui-même la bouillabaisse, et pendant qu'il apprêtait ce mets local, un convive, pour faire prendre patience à l'appétit, débita des alexandrins inédits que notre cher poète Méry avait improvisés dans une précédente partie, et qui semblaient faits tout exprès pour la circonstance :

Pour le vendredi maigre, un jour, certaine abbesse
D'un couvent marseillais créa la houillabaisse,
Et jamais ce bienfait n'a trouvé des ingrats
Chez les peuples marins qui n'aiment pas le gras.
En voici la recette : il faut d'abord qu'on fasse
Un coulis sérieux, en guise de préface.
Et quel coulis ! Il faut que le menu fretin
De cent petits poissons recueillis le matin,
Distille avec lenteur, sur un feu sans fumée,
Le liquide trésor d'une sauce embaumée.
Là vient se fondre encore, avec discernement,
Tout ce qui doit servir à l'assaisonnenent :
Le bouquet de fenouil, le laurier qui pétille,
La poudre de safran, le poivre de Manille,
Le sel, ami de l'homme, et l'onctueux oursin,
Que notre tiède Arenc nourrit dans son bassin.
Quand l'écume frémit sur ce coulis immense
Et qu'il est cuit à point, le poème commence.
A ce plat phocéen, accompli sans défaut,
Indispensablement, même avant tout, il faut
La rascasse, poisson, certes, des plus vulgaires ;
Isolé sur un gril, on ne l'estime guères,
Mais dans la bouillabaisse aussitôt il répand
De merveilleux parfums d'où le succès dépend.
Puis les poissons nourris assez loin de la rade
Dans le creux des récifs, le rouget, la dorade,
Le pageau délicat, le saint-pierre odorant,
Gibier de mer suivi par le loup dévorant,
Enfin la galinette, avec ses yeux de bogues,
Et d'autres, oubliés par les ichthyologues.

La bouillabaisse était prête, le vieux patron pêcheur la servait lui-même toute fumante, et réservait pour M. Thiers le poisson qu'il avait appelé presque prophétiquement *un morceau de roi.*

Il nous reste encore une petite anecdote qui peint bien le type de nos vieux Marseillais, et que nous ne résistons pas au plaisir de conter :

Thiers avait conservé une affection toute filiale pour M. Rollandin qui l'avait tenu sur les fonts baptismaux, et lui avait servi de père. A peine installé au ministère de l'intérieur, il s'empressa d'écrire à cet excellent homme pour lui dire combien il serait heureux de le voir et de l'héberger dans son hôtel somptueux. L'invitation était si cordiale que le vieux Marseillais n'y résista point, malgré la violence qu'elle imposait à ses habitudes sédentaires.

M. Rollandin se mit donc en route. Les chemins de fer, en 1832, n'avaient pas encore abrégé les distances, et le trajet de Marseille à Paris ne durait pas moins de cinq jours : on appelait cela voyager en *diligence.* Le brave homme arriva tout moulu et tout fripé.

Voulant, avant de paraître devant M. le Ministre, réparer un peu les désordres de sa toilette, il se fit descendre provisoirement dans un petit hôtel voisin des Messageries ; il déboucle sa malle et déjà a endossé l'habit noir. Toutefois, avant de sortir, il tient à consulter le temps ; il met la tête à la fenêtre :

Ploou, dit-il, *foou soupa eici* (il pleut, il faut souper ici).

M. Rollandin se fait servir un excellent repas, et, suivant l'usage de nos bons aïeux, reste plus d'une heure à table. Son intention était de sortir après souper, mais ayant remis la tête à la fenêtre :

Ploou mai, si foou coucha (il pleut encore, il faut se coucher).

Cela dit, notre voyageur se met au lit, et comme il avait à prendre un arriéré de repos, son somme fit le tour du cadran.

Le vieux Marseillais, en se levant, regarde de nouveau à travers les vitres : — *Ploou toujou; lou ciel eici rageo coumo une fouon ; voueli pa pesca de rhumatismé... voou réparti* (il pleut toujours; le ciel ici coule comme une fontaine;

je ne veux pas pêcher de rhumatisme... je vais repartir).

Quelques heures après, le père Rollandin reprenait la diligence et roulait vers la Méditerranée. Il était venu à Rome, comme on dit, sans voir le Pape. A son retour, ce phénomène provençal racontait naïvement l'aventure à qui voulait l'entendre. Les mauvaises langues, qui ne trouvaient pas leur compte à la simple version, ne manquèrent pas d'y substituer un commentaire peu charitable. A les en croire, Thiers avait refusé sa porte à son ancien bienfaiteur.

Voilà comment on écrit trop souvent l'histoire.

Quelques esprits puritains et formalistes nous reprocheront peut-être de clôturer par des détails purement locaux et anecdotiques une notice qui a la prétention d'être sérieuse et qui vise à l'histoire.

Voici notre excuse :

La politique, telle que les derniers événements l'ont faite, présente un champ si stérile et si désolé que nous avons cru devoir faire diversion à ce triste spectacle.

M. Thiers, qui porte le poids des affaires et dont le front doit être naturellement soucieux, a besoin plus que personne de se dérider un peu. Il sera le premier à nous pardonner ces joyeux retours vers le passé. Sa biographie porte avec elle d'assez graves enseignements pour permettre çà et là quelques légers sourires, — riantes éclaircies dans un horizon assombri.

www.ingramcontent.com/pod-product-compliance
Ingram Content Group UK Ltd.
Pitfield, Milton Keynes, MK11 3LW, UK
UKHW031926260826
14628UKWH00003B/1448

9 782013 253895